Kodansha Comics

のだめカンタービレ

6

ニノ宮知子

のだめカンタービレ
Nodame Cantabile
#6
二ノ宮知子
TOMOKO NINOMIYA
Flutes
Oboes
Bassoons
Horns
Trumpets
Trombones
Tuba
Timpani
Drums
Piano
1st Sax. E♭ Alto
2nd Sax. B♭ Tenor
3rd Sax. E♭ Alto
Banjo
Violin I
Violin II
Viola
Violoncello
Bass

のだめ王国の住人たちを紹介♥

カプリチオーソ カンタービレ!

——ムキャー(?)

野田 恵(のだめぐみ)

〜通称・のだめ♡〜

ピアノ科3年。

楽譜は読めないが、ピアノはうまい天然不思議少女。千秋への片思いは、もちろん絶好調で、間合も詰め中。

千秋真一(ちあきしんいち)

ピアノ科4年。

エリート・ピアニストの息子で指揮者を目指す。のだめに振り回されているが、抜群の才能、そのカリスマ性で、ほんとは学園のスターである。

奥山真澄(おくやまますみ)

打楽器科4年。

千秋を深く純粋に愛するがゆえに、のだめをライバル視しているティンパニー奏者。ただし、ヒゲのイカす男子(見たまんま)。

Masumi Okuyama

峰 龍太郎

（みねりゅうたろう）
ヴァイオリン科3年。

中華料理屋『裏軒』の息子。また、解散間近のイロモノ（?）・オーケストラSオケのコンマス（ヴァイオリンのほうはあんまり……）。のだめとはマブ。

三木清良

（みききよら）
ニナ・ルッツ音楽祭に参加していたコンマス。ウィーン留学中だが、ウィーンで師事する先生が、千秋たちの大学の院に講師として招かれているので一緒に日本に戻ってきている。千秋に「ある話」を持ちかける。

三善俊彦

（みよしとしひこ）
竹彦の長男。幼いころには千秋になついていたようだが、あらゆる点で完璧な千秋には複雑な気持ちを抱いているようす。

三善竹彦

（みよしたけひこ）
千秋の叔父で三善商事の二代目社長。千秋の学費や生活費の面倒を見続けている。が本当は、千秋に会社を継いでもらいたいと願う。

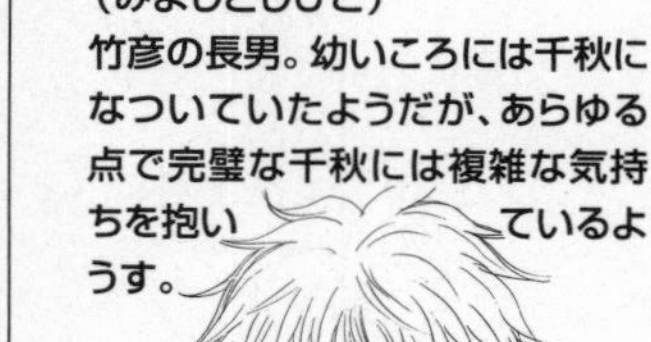

Nodame Cantabile

Contents

TOMOKO NINOMIYA

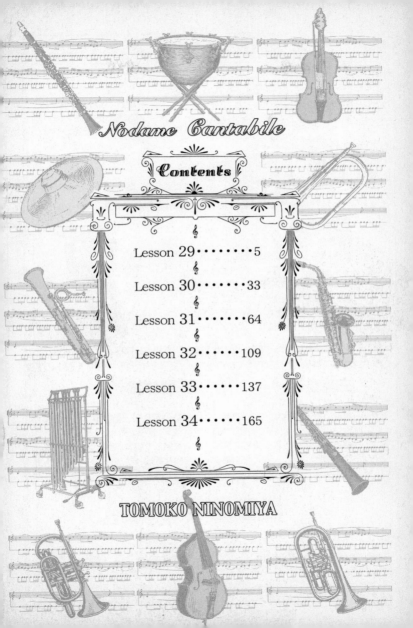

Lesson 29

1月——
新年明けまして
野田《のだ》恵《めぐみ》
ピアノ科
3年——
峰《みね》龍《りゅう》太郎《たろう》
ヴァイオリン科
3年——
もうすぐ試験!!
奥山《おくやま》真澄《ますみ》
打楽器科
4年——
千秋《ちあき》真一《しんいち》
ピアノ科
4年——

うわ──っ すっげ──
マジかよ コレ──
あはは はは！
どーなってんだー!? クラシック・ライフ!!
キャー
なに なに？
よー
クラシック・ライフが どーしたって？
あー 峰くんー
おー コンマス
CLASSIC LIFE
それがー 今月の 佐久間学《さくままなぶ》の 「夢☆クラ」
千秋《ちあき》さまが 出てるのよ！
えっ
うそオ オレ ファンだよ
「夢☆クラ」に!?
そうなのよー もー おどろきよ
まさか 佐久間学が うちの学祭に 来てたなんてー
ゲっ。
CLASSIC LIFE 2003.2

ラフマニノフ　ピアノ協奏曲第2番
フランツ・フォン・シュトレーゼマン
千尋の谷底の
深い谷間まで照らす光のような
ピアノの序奏
僕はその光をのぞき込み
次の瞬間
岩壁から谷底へ突き落とされた!
オーケストラは
霞がかかった谷間に
細い糸筋のように這い
湧き上がる泉のように迸り
ピアノの音と絡み合い
うねりながら
百すじの脈をなして
僕を黄金の夢の世界へ連れ去った
ああ・・・
なんという美しいラフマニノフ
夢色☆クラシック vol.28
〝千尋《せんじん》の谷底の深い谷間まで照らす光のようなピアノの序奏〟
〝僕《ぼく》はその光をのぞき込み次の瞬間〟
〝岩壁《がんぺき》から谷底へ突き落とされた!〟
〝オーケストラは霞《かすみ》がかった谷間に細い糸筋のように這《は》い〟
〝湧《わ》きあがる泉のように迸《ほとばし》り
ピアノの音と絡《から》み合いうねりながら百すじの脈をなして〟

ザッ…
〝僕を黄金の夢の世界へ連れ去った——〟
〝ああ……なんという美しいラフマニノフ〟
佐久間さん！こっちですって！
また夢色タイム!?
プリごろ太のペロちゅーチョコレート1年分!!
千秋先輩！見て見て～
バーン
プリごろ太
ぺろちゅーチョコレート
グレコ

商店街の福引で当てちゃいました!
おい…オレ練習中……
キャー
すごいでしょー!プリごろ太ですヨ!!
はいっ先輩!
ちょっと早いけどバレンタイン♡
好きデス♡♡
こんな程度だったのか……
え?
なにがですか?
↑ショックらしい
あ……!
先輩コレ卒業試験で弾く曲ですか!?
わ〜〜っリスト!?
LISZT

※ゲーテ=19世紀ドイツの文豪。ベートーヴェンとも親交があった。

ちゃんと練習してンのか？
まあ……
ならちょっと弾いてみろ！
あ！
のだめみんなにこのチョコ配ってきマス♡
たくさんあるしィ―
おいっコラ!!
あ……
そだ
千秋先輩
ミルヒーって……
生きてますよね？
はあ〰？
あたりまえだろう!?
昨日だって写真集のさいそくの電話が…
ホッ
ですよね！
ならいいんデス♡

逃げっ
じゃあ先輩夕ごはんで会いまショー♡
バタン
あっ……
はあ……
のだめのやつ……
せっかくピアノに真剣になったと思ったのに
あれだけで「満足」で「最高に幸せ」って……なんだよ!?それ
あんな連弾するんじゃなかった——
千秋くん!
よかった!すぐに見つかって
今日はアポなしだったから

はじめまして♡
「クラシック・ライフ」の河野《かわの》と申します
えーっ
真澄《ますみ》ちゃんオケストラに就職決まったんですかー!!
そ♡
新都フィル
急な欠員で募集が出たから受けたのよ
すご〜〜い!! 有名なオケストラじゃないですかー!
ほわー
まさか受かるとは思ってなかったけど……
やっぱわたしって天才?
ホホホ

やっぱ髪型ですかね？
フワフワ♥
どーゆー意味よ!?
キィー
おめでとう真澄ちゃん
これお祝いデス♡
フンッ
ビッシィッ
ぎゃぼ！
なにするんですかー!?
ムキャー
あんた！わたしがいなくなるからっていい気になるんじゃないわよッ!!
どーゆー意味デスか!?
千秋さまよ！
千秋さま卒業したら院に行くっていうじゃない!!
あ
そうなんデス♡
千秋先輩11月に院の試験受けてたんです

もぉ〜〜っ
なんでかしら？
わたし千秋さまは絶対海外に留学すると思ってたのに……
心配…
そりゃ日本にいてくれてうれしいけど
とにかく先輩はのだめと
今年も恋のランデブーですネ♡
殺すわーッ今年こそ！
キィー
なにがランデブーよ
ギャぼーーっ
中華裏軒
★裏軒★
へぇー
ラーメン
やきそば
うどん
そば
シチュー
ひれかつ
エビフライ
ハンバーグ
ここが千秋くんの行きつけのお店……
中華…
イメージとちがうわね

クラブ・ハウスサンドにエスプレッソ
はいよっ
ボクチャーハン
イ……イメージどおりだわ
えぇ!?
カチッ
中華屋でサンド!?
それで?
音楽雑誌の編集さんがぼくになんの用が?
↑態度わるし…
あ
申し遅れましたがぼくは――
音楽評論家佐久間学です
あっわたしも名刺…
ケエコにマナブ……
クスリ…
じつは……佐久間さんはうちの雑誌クラシック・ライフで連載してるんですけど
今月の連載は千秋くんのことを書かせてもらってるんです
え!?

ひ
ドドーン
「夢色☆クラシック」新年特大ピンナップ付き
こっちもあった
ごめんなさいね 勝手に――
ホホホ
でも 事前にシュトレーゼマンに撮影許可はもらってて
「弟子もよろぴく」って言われてたから♡
ステキな写真でしょー
ジジイ!!
ぼくの文も読んでよ♡
君のことかいたんだから
千尋《せんじん》の谷底の……
CLASSIC
これ……
CLASSIC
▲はずかしくて 読めない
ゲーテのパクリ?
えっ

キミ
わかるの!?
ファウスト
今ぼく
メフィスト・ワルツ
やってるんで
リストかい!?
それ卒試で
やるの?
卒業演奏会で
ぼくも聴ける!?
どうどう
佐久間さん
佐久間さん
とまあ
佐久間さん
あの公演以来
すっかり千秋くんの
ファンなんだけど
また変人か……
わたしもね
ニナ・ルッツ
音楽祭で
千秋くんの
指揮をみた
ときから
注目してた
のよ♡
え……
千秋くん
卒業したら
海外行くの
よね?
当然
シュトレーゼマンの
弟子として
むこうで
ピアノか
指揮の
コンクールとか
出るの?

ちょ……
ちょっと待ってください
ぼくは海外に行く予定もコンクールに出る予定もないんですけど
え。。。
うそ
これなんの取材ですか?
そんなバカな…!!
あ…きたわ
この大空のかなた西の空に燦然《さんぜん》と輝く太陽を目指して……きみの崇高《すうこう》なる音楽の魂を宿した
その純白なる大きな翼を広げて今まさに飛び立つ時が来たんだ!
〈訳〉留学すればいいのに!

は・・・
お……
オレは院に行くんで
飛び立てねーんだよ!!
飛行機恐怖症
この大海原《おおうなばら》のはるかポセイドンが司《つかさど》る黄金の島に眠った高貴なる芸術の至宝がきみに微笑《ほほえ》みかけている
ああなぜ きみは漕《こ》ぎ出さんとしない?今まさに神に愛された楽聖の航海は始まらんとしているのに……!
〈訳〉海外のコンクールでもいい成績が残せるわよ
航海できねーんだよ!!
ねえなんで海外行かないの?
海(船舶)恐怖症
知ってて言ってンのか?
せっかくそんなに才能あって
すごい師匠もいるのに!

コンクールにも出ないつもりなのか？
なぜだぁ
きみは日本でいったいなにをするつもりだ!?
ガ
オレがどこでなにしよーがオレの勝手だろ！
あんたらに心配される筋合いはねーよ!!
ほっといてくれ
タッ
あ……
先生！サンドは!?
ちゃんとピクルス付けたよ
包んどいて！
あとでくる！
はいよー♪
千秋くんて……「オレ様」？

どうしよう…… 千秋くん 怒らせちゃった
せっかくやっと会えたのに……
なぜだ……
ダムッ
かつて イカロスの愚行《ぐこう》を 許さなかった 神でさえも きみの奏《かな》でる 音楽に魅《み》せられ 愛と恵みと祝福を 贈るだろうに
その詩が いけなかったんじゃ ないですか？
カロスって…
わぁ〜〜っ
のだめちゃん ありがとう♡
チョコ 大好き〜♡
鈴木《すずき》 萌《もえ》・薫《かおる》（4年）
別名：Sオケの叶《かのう》姉妹
ふたごです
やっぱり 疲れたときは 甘いものよね
はー
キャー プリごろ太〜
ふたりとも 頑張《がんば》ってるん ですネ！ 卒試の練習

うふふ♡ だって わたしたち 2次試験に 残ってるのよ
すごいでしょ ——♡
え…… 2次試験?
ええ〜〜〜っ 知らないのォ?
4年の実技の 卒試って 卒業演奏会に 出るための オーディション でもあるのよ
ほえ〜〜〜
じゃあ 千秋先輩も 今、2次?
それで 2次試験で さらに 成績優秀者だけが 選ばれて 3月の演奏会に 出られるの
まさか わたしたちが 2次に残れると 思ってなかった わ〜〜〜
やっぱり Sオケ効果 かしら?
うきゅ
アハハ
Sオケ コーカ!?
ホラ〜 わたしたち ずっと 千秋さまに しごかれてた でしょ!
ヘタクソ!!
鬼か悪魔 かのごとく
ヘタクソ殺すぞ!!

↑鈴木姉妹からみた千秋

あの時から
わたしたち
かなり練習
頑張ったのよ
ねー
スキンケアも
怠るほどに
ア…
はじめて
だったわ
そんなこと
でも
楽しかったな
千秋さまの
オーケストラ
厳しかった
けど
素敵な
音楽……
まだ
やってたいよな
Sオケ……
オレたち
卒業したら
会社勤めだしー
ああ…
薫ちゃん…
いちおう
音楽関係の
会社だけど
楽器
いらんし
ましてや
オケなんて
やる機会も
……
Sオケ・ダーティー・ペア

わたし実家のパン屋さん継ぐんだ！
Lesson17で千秋に泣かされたユキちゃん
ハハハ
のだめちゃん千秋さまと買いにきてよ♡
千葉《ちば》だけど
パ
えー
静香ちゃんケッコン!?
45歳のカレシ!?
ボケー
みんなそれぞれ
新しい道へ進んでゆくんですね～～……
それにしてもいいなー静香《しずか》ちゃん……
ケッコン♡
アヘ…

のだめも
卒業と同時に
ケッコンしたい
デス♡
同じ星の
人間と
しろよ
あ〰〰
でも
先輩が
院に行って
よかった♡
留学するとか
実家に
帰っちゃう人
多いんですヨ
なかなか
真澄ちゃん
みたいに
オケストラにも
入れないし
でも
先輩は
のだめ
さっさと
食べて
部屋帰れ
えっ
オレも
練習あるし
うるさい

先輩……なんでそんなにイライラしてるんですか？
今日変ですよ？
料理も変だし
文句があるなら食うな!!
あさり
↑みんな缶詰…
おまえも早く帰って練習しろ!!
試験期間中じゃねーか！
人の心配してる場合か!?
おまえだって来年卒業だぞ
どーすんだよその先！
どーするって……
のだめは卒業したら幼稚園の先生になるつもりデスよ？
それか小学校の先生……

え……？
幼稚園の先生？
はい♡
だから来年は※教育実習とかいろいろと忙しいんデス
※幼稚園の先生になるためには幼稚園教諭資格が必要。
のだめはじめは実家の福岡《ふくおか》に帰って先生するつもりだったけど
千秋先輩のいる東京にいたいし
頑張って就職決めなきゃ♡
幼稚園の先生……
のだめ……
夢ってそれなのか？

はい？
もっとピアノを頑張って
コンクール出てみるとか
するつもりないの？
ぶ〜〜っ
のだめがコンクル〜!?
なに言ってるんですか〜〜先輩
あハハ
コンクル〜っ
そんなのトンビに油あげですヨ〜
←意味不明
バカ！おまえ……
いくらデタラメでもあれだけ弾けるのに！
なんでもっと上を目指さないんだ!?
あ……

なんで
海外
行かないの⁉
せっかく
そんなに
才能あるのに
オレが
のだめを
心配する
ように
あの人たちも
オレのことを
考えてくれて
いるのなら
それは
ありがたく……
光栄なことかも
しれない
先輩？
でも……
やっぱり！
どっか
具合
悪いんですか
？

ひゃ…
はうん…
そうだ
もう
海外に
行けないことが
問題なんじゃ
ないんだ
きみは
日本で いったい
なにをする
つもりだ!?
それなんだよ

Lesson 30

のだめカンタービレ

2次試験の結果？

そう千秋どうだった？
ピアノ科終わったろー
卒業演奏会出られんの？
当たり前だろう
Die Geburt der Tragödie aus dem Geist der Music
オレが出ないでだれが出るんだ
結果発表はまだだけど
……ひさびさにムカッときたぞ
オイ
千秋先輩！峰《みね》く——ん！
2次試験！萌《もえ》ちゃんの演奏次ですヨ〜〜
観にきてくださ〜い!!

すげえ……
カッコイイ！
「Sオケ効果」ですネ♡

本当に
うまく
なったな
でも
あしたは
萌の妹の
薫《かおる》も出るし
また観に
いかなきゃな!
えっ
そんなに
いるのか?
Sオケの……
ホルンの
金井《かない》とか
弦も何人か
2次に残って
るんだぜ!
すごい
だろ——

でも……
みんなすごくうまくなったのに
Sオケなくなっちゃうのもったいないデスね
卒業したらオーケストラできないってみんな残念がってましたヨ
ふーん……
まあ続けたければ
仕事しながらでも市民楽団とかに入って趣味で続けるとか?
……なぁ千秋
オレずっと考えてたんだけど……

千秋 学校外でオーケストラ作らねーか？
え？
わぁ〜〜〜
それ いいですネ!!
なっ……なんで!?
学校外!?
ホラ あの夏の音楽祭あっただろ!?
長野の…
あのときいた学生でヴァイオリンの沙悟浄《さごじょう》
千秋 覚えてないか？
沙悟浄……!?
あ……
なんとなく……
沙悟浄……
あれか…

オレ あいつと 今でも 文通してる んだけど
あいつ 千秋のこと スゲー 気に入ってンだ!
で
あの 音楽祭みたいな オケを また やってみたいって 話をしてて
文通…
ぶっ…
なんで文通? 今どきメールくらい 大学生なら… ケータイだってー
バカ! つっこむなよ ほっとけ
変なんだ から元々
沙悟浄 まだ大学2年 なんだけど うまいんだぜ!
悔《くや》しいけど オレより ちょっと……
だから あいつを コンマスにして
他にも レベルの高い奴 集めてさ〜
どーだ? 千秋
冗談は やめてくれ
はぁ…

え？
そんな非現実的な話に花を咲かせるほどオレはヒマじゃないんだ
じゃあまたな！
練習ー練習ー
どこが非現実的なんだよ!?
千秋!!
市民楽団でもなんでもオケっていっぱいあるじゃねーか！
作ろうと思えば作れるだろ！
資金だってみんなで持ち寄ったりして
だから
それで？
沙悟浄がコンマスでおまえがいて
オレが指揮か!?
ホントに西遊記《さいゆうき》みたいですネ
ほわあ…
ぜったい
お断りだ!!

だったら千秋
おまえこの先どーすんだよ!?
指揮やるトコあんのかよ!?
Sオケももうないんだぞ!
おまえピアノ科で院に行くんじゃねーか!
指揮者になりたいんじゃないのかよー!?
千秋のバカァー
先輩……
TANAKAYA
焼き鳥 さつき
マツモトヨシ
15 YA

スーパー ひとしくん
HITOSHI-KUN
いらっしゃいませ
ポイント2倍
毎日安い!
98円
ガラ
ガラ
ガラ
いわし
蒲焼き
缶詰
ギャボー
肉
また缶詰ですか〜〜!?
精肉 MEA
イヤなら食うな
魚肉
カー
鹿肉……
カー
熊肉
カー
いじめ?
先輩!
ガッ
ゴッ
熊肉
今日はのだめがごちそーします!!
すみませんっ
こわいっ
……

カタ
カタ
カタ
コハダ
穴子
エビ
サ
かんぱち
うに
いくら
トロ
回転寿司
ぶりぶりずし本店
回転寿司
さぁどうぞ先輩♡
はいお茶♡
今日はフンパツしてお寿司ですよ～♡
あ！たまごたまご♡
ひょい
おい…あれ千秋じゃねーか？
なにモジモジしてンだ？
あホントだ
あれ？先輩食べないんですか？
好きなの回ってないとか？

のだめ頼んであげましょうか?
カタ
カタ
カタ
くそ!
なんで寿司が回ってるんだ!?
↑許せないらしい
ガシャ
ムキャー
ウニー!!
のだめ
いきなりウニー!?
先輩!
それ金皿《きんざら》ですヨ!?
400円!!
ヒー
学生は100円の白皿《しろざら》って相場は決まってるんですよ!?
スポッ
フン……まあまあだな
ぱく
ぱく
ん
やる
ガー

銀
ヒラメか
カシャーー
ぺろーん
ホレ
ぎゃぼ!!
なんでごはんを食べないんですか――!?
ムキーーッ
刺身だけ……
ああ!!また金皿とった――!!
の…のだめも刺身部分が食べたいデス～～
ヒラリ…。。
ほら
ガリ寿司

ブキィーー!!
ハハハハハ!
千秋先輩は変です!
非常識デス!!
やっぱりカズオ…!
もう絶対先輩にはお寿司はごちそうしません!
なにがごちそうだ
結局オレが払ったんじゃねーか
フツー3千円しか持ってないのに寿司屋に入るか?
回転なら十分なんですよ
ムキ
いつもは!!

ラーメン屋さんにすれば よかった……
ズーンズーン
永久タダ券のある裏軒に連れていかれると思ったのに
こいつはこいつなりに気を遣ったりするんだな……
なんなんだ？みんなして
オレってそんなに心配か？
あのさ……

今年 Aオケを 指導しにくる 朝野《あさの》 弘《ひろし》って 指揮者
日本でけっこう 活躍してる
キャリアの ある人 なんだ
調査済み
まともな人だし 取り入る チャンスもあると 思うから……
その人 いろいろ 忙しくて そんなに学校 来ないだろうし
まあ…… いざとなったら 理事長を 使ってでも
Aオケ 振っちゃおう かと——
先輩が そんな 腹黒い人 だったなんて
はあ!?
ミルヒーに 似てきま したか?

やめてくれ～
日本《ここ》でやれることを探して――
オレだって必死なんだ
千秋イ～～
オレはあきらめないぞ～～
新オケ
こちらも必死
しつこい!!
そーですよ峰くん～～

先輩は先輩でいろいろと……
えっへん
千秋くん!?
ひさしぶり!
わ〜本当にいた〜
わたしのこと覚えてる?

おっ
コンマス！
三木《みき》……
清良《きよら》さん
すごい！
名前まで覚えててくれるなんて
そりゃ……
好きだから
あ…
キャ〜
あははははは!!
わかった！

長野《ながの》の音楽祭のコンマス!!
えっ
なんで?
きみ……今ウィーン国立音大へ留学中だろ!?
うちの大学の院に!?
わたしが師事してる先生が今年この学校で講師をするのよ
だからついてくるってわけ

〝カイ・ドゥーン〟って先生よ 聞いてない？
げっ…… あのベルリン・フィルの首席奏者だった!?
うそ！ なんで うちの学校に!?
なんか この大学の 理事長と 旧知の仲らしい んだけど……
昔 シュトレーゼマンと その人をめぐって 死闘をくり広げたって 噂《うわさ》……本当かしら？
まぁ…… とにかく わたしも 今年は日本にいる わけだし
理事長…… 魔性の女 !!
いい機会だから こっちの コンクールとかに 出てみようかと 思ってるんだけど
もうひとつ やりたいことが あるんだ♡
？

千秋くんと
また
オーケストラ
やりたい
え…
わたし
今まで
オケって
あんまり
やってなくて
でも
シュトレーゼマン
とのオケは
刺激的で……
それに
千秋くんも
かなり
刺激的だった
挑発的な目
刺激的な言葉……
話し方

わたしと
オーケストラ
作って
まるでオレの事情を
すべて解っているかのように
いっしょに
やらない？
やる。
即答かよ…
いや
やりたい
けど……

オケのメンバーだったらあの音楽祭のメンバーがかなり集められるかもよ？
えっ!?
どういうわけかあのオーケストラ
なかなか気の合う連中ばっかりで
今でも交流しあってるのよ♡
あの……
オーボエの男いる!?
彼は今ボストンだけど
他にも留学中とか関西組とかいろいろだけど
いるいる黒木《くろき》くん
チェロの、ボーズ男は!?
あーー菊地《きくち》くん
今年帰ってくるみたいよ
ドキ
ドキ
千秋くんが声をかければかなりの人数集まるんじゃない？

え？
オレが？
そりゃーもう！千秋くん今やスーパースターだし
はぁ？
「夢色☆クラシック」
プ
それかよ……
できるかもしれない……
才能あふれるオーボエ奏者
チェリスト
このコンマス
その他
音がイメージできる！

じゃあ春に!
もう一度あの時のようなオケができる!?
あの音楽祭の時のような――
千秋ィ!
ゲ…
おまえのオケにオレと沙悟浄も入れてくれ!
コンマスは彼女でいいから!!

さ……
沙悟浄はともかくおまえは……
オーディションする気か!?
だったら受けるぞ!!
……なら今度の試験でAオケに入ってみせろ
そうしたら入れてやる
よっしゃー!!
うおおー
練習だー
まだ本当にできるかどうかわからないオーケストラなのに……

千秋先輩
オケストラ
作るんですね？
うん
作って
みせる

のだめ
カンタービレ

Lesson 31

3月――
卒業演奏会
2日目
桃ヶ丘音楽大学
卒業演奏会
これが木魚《もくぎょ》ですかー
ほわぉ…
コーン
コーン
小さいんですね～
あっ
ゴロロロ
ああ……
ガコー
ゴロゴロ…

あれ
音が……変？
ゴンゴン
なにすんのよーー!!
このヒョットコバカ娘ーー!!
ギャボー
どうすんのよっ
割れた⁉
ヒイイ‥
もうすぐ本番だっていうのに！
ゴンゴン
の…のだめガッコの木魚探して……
あわわ
あ！
着信
ヨッシー
♪ピラリラ～

ちょっと
ヨッシー!?
あんた
なに
やってんのよッ
早く
学校
来なさいよ
ごめん……
真澄
ピーポー ピーポー
わたし……
今日
行けない……
え?
ピーポー?
わたし
今……
救急車……
ピーポー
盲腸
かも……
ピーポー
講談病院
急いで!
ごめ……
ブチッ
ツー ツー…
うそォ……
ヨッシー
来られないんですか?
伴奏者が
いなくて
どーすんのよーッ
キャ
のだめ!
あんた
この曲
弾けない!?
ええ!?
ANDRE JOLIVET
CONCERTO
pour PERCUSSION et PIANO

が……楽譜じゃなくて音源があれば
はうう…
ギャ!
今日は楽譜しかないわよーー!!
ああ……どうしよう
ピアノ伴奏がないなんて
もうダメよ!
おしまいよーー!!
キャァァ

ワァァ
パチパチ
パチパチ
よかったなー
薫……
結局
Sオケで
演奏会まで
残れたのは
萌と薫の
ふたりだけ
だったけど
パチパチ
パチパチ
あ
ちがった
もうひとり
午後からは
真澄ちゃん
が……
!?
千秋……!?
CONCERTO POUR PERCUSSION
RÉDUCTION POUR PERCUSSION ET PIANO
André JOLIVET
I
で……
できねーよ
こんな曲
なに
コレ!?
聴《き》いたこと
ねーよ

わたし
手が届かない
よ〜〜〜!
イキナリ12度〜〜?
ひー
練習する
時間が
あるなら
ともかく
あと
1時間だろー
絶対ムリ
だって!!
そうよ……
ムリよ
ずっと
わたしの
伴奏者《パートナー》だった
ヨッシーの
かわりなんて
しかも
この曲を
初見《しょけん》で
合わせるなんて
そんな
ミラクルな人は
真澄ちゃん!!
バーン
連れて
きましたよ
——!!
注意!

ひとりしか――
アンドレ・ジョリベか
一回聴いたことあるな
コンクールかなにかで…
ANDRE JOLIVET
CONCERTO
pour PERCUSSION
何楽章やるの?
1・2・4楽章です
ふーん……キッツイな
あの……千秋さま
本当にいいんですか?
こんな急に……
……いいもなにも
やるしかないんだろ?
ホラ
一回くらい合わさせろ
ポサッ

はいっ
千秋さま!!
パチパチ
おお〜〜〜っ 千秋!?
パチ
パチ
え・・
パチパチ
おい
はー
はー
大丈夫か?

だから軽く合わすだけでいいって言ったのに
パチパチ
ヨロ…
パチパチ
パチパチ
いいえ!
軽くなんて……そんな練習ないんです! わたし
よろしくおねがいします!
この4年間
一音一音魂をこめて打ってきた
愛《いと》しいわたしの打楽器ちゃんたち

そして今──
4年間想い続けたあの人と奏でる
聴いて！

この愛のサウンド・オブ・パーカッション!!
ANDRE JOLIVET
CONCERTO for percussion

4年まえ
音楽への
愛を胸に
山形《やまがた》から
東京《とうきょう》へ来た
わたし

怖かった
狭い空
狭い部屋
↑閉所恐怖症
コンクリートジャングル
もう……ダメ
それは
入学したときから
女子の間で
有名だったけど
全然 わたしの
好みじゃなかった
千秋真一《しんいち》
大丈夫?
げっ…男か!?

気をつけろよ
クネクネすんな
彼は一瞬で
わたしの心の
コンクリートを
打ち砕いた
それは
恋の魔力
そして
恋の
切なさ……

すご……
ありがとう千秋さま
最後にこんな素敵な思い出を
わたしこれでやっと……

あなたからも卒業できます!!
ワ
ワ
オレ新しいオケ作るんだ

プロに頼むのもなんだけど
時間があるかぎりでいいから
ティンパニー
やってくれないか？
はいいっ
ヒィイー
やめろ
やっぱり千秋さまからは卒業できそうにないわたしです♡
うわー
ヒュー
卒業式

やっぱトリは千秋か
ケッ
当然よ
しかし……
なんだ？あいつ……
LISZT
メフィスト・ワルツ第１番
「村の居酒屋での踊り」

トリだっていうのにあんなに軽々しく弾きやがって！
あらいいじゃない！楽しそうで
どうした？千秋
Sオケ効果ね♡
萌えいいこと言ったー
アハハ
Sオケバンザーイ!!

BOM BANG DOG
BBD
五郎丸
居酒屋
日焼けサロン イエローダック
カラオケ
うつぼ八
え〜〜〜 それでは
Sオケ 4年生の みなさん
卒業おめでとう ございます!!
ワァ
Sオケ バンザーイ!!
おまえもなー
留年太郎ー
卒業 しろー
元気でな!!
祖
ジーク・ジオン!!

ワァーーー
キャー
レジェンド・オブ・Sオケ～♪
真澄ちゃん！
演奏会おつかれさまでしたー
はいビール
すっごいカッコよかったデス！
でもピアノのだめができなくて悔しかったから
今度のだめともやってくださいネ
練習しておきマス
のだめちゃーん！
こっちにもビール!!
あはーい！
のだめちゃ～ん野球拳～♡
のだめーピアニカ吹いてくれー
ワーおー
もーいいからあんたも飲みなさいよッ
なによっそのドレスは
がぼーーっ

ドキ
ドキ
今日しかない……
今日こそ薫ちゃんにボクの気持ちを……！
薫ちゃん！オレ……
あーーっ
ビールのおかわり今度はわたしよーっ
か…かおる！
わたしよっ
わたしよオオ!!
つーか席かえろ!!
キャ
ひ
引っこめ！鈴木姉妹!!
萌ずるいっ
プスー
ギャ
殺すーー
ポン…

千秋のやつ
最後まで
……!!
おい
玉木《たまき》……
オレに
いい考えが
あるんだけど
よっしゃーー！
2次会に行くぞー
2次会!!
カラオケー
カラオケ
だってー
いつもの
トコー!?
あ！
プリクラ
プリクラ
撮ろーよ!!
GAME
あ～～～♡
撮る
撮る～！
キャー
オレもー
卒業記念！
千秋ィー！

ちょっとこっち来いよー！
おもしろいゲームあるぞー！
太鼓の名人
太鼓の名人
太鼓の名人
祭
太鼓《たいこ》の名人……？
やってみろよ！千秋
おごるから
ぜ〜〜ったいおもしろいぜー
曲に合わせて画面に出てくる丸が太鼓マークに重なったときに太鼓を打ってネ
ドドン
指揮者の拍《はく》感覚をもってすれば余裕だろー
ほらバチ持って

ちゃんと大股《おおまた》開いて!
え!?
ポーズも点数のうちなんだよ!
(うそ)
みんなー千秋が太鼓たたくぞー
えーとっ曲はー
モー
コスメのまほう
プリごろ太
だんご4
ピコー
「プリごろ太」でいいな!
思いっきり叩けよー! こんなふうに
太鼓の名人
大人気!
うぉ
足も上げて!
がんばれ!! 千秋ィー
頑張《がんば》って和太鼓を叩いて
夢見がちな音大のお嬢さんたちの想い出という白いハンカチに一滴の黒いシミを残すんだ!
え 千秋さま!?
ゲームするの?
チャラ ラ〜
この曲知ってる…
これが本当の卒業演奏会!!

一番夢見がちな人▼
ちょっと待ったーー!!
ウィー
千秋さま
この世の打楽器はすべて わたしのものですのよ♡
あっ
ズドドドドド
アキャー
すごーい! 真澄ちゃん
大名人!!
ステキー
キャー
くそっ
カラオケ
♬重いなんて言わないでふくらみ続けるこの想い
A・B・C D・E・F Gカップ♬

萌え〜〜〜♡
アアア
薫ぅ〜〜〜!!
うおー
アンコール!!
アンコール!!
恋のGカップ!!
パッ
地上の星
中島みゆき
あ〜〜〜?
だれだー?この曲入れたのー
地上の星ー!?
千秋千秋!
え?・
千秋くんが歌いまーす!!
えーっ
千秋さまがカラオケー!?
うそォ
どうだ女子!!見たくねーだろ!?
ドキドキー

ダーティー・ペア ふっかつ

そうでもないらしい

♪ジャン♪ジャンジャン
この曲知ってる…
プロジェクトX好き
中島《なかじま》みゆきを熱唱する千秋真一!!
あーっ千秋!!
ちょっと待ったー
これはオレ様のテーマ曲《ソング》なんだよ!
ケッ
あっ
ゲアァ~♪
大河内~オンチ~やめろ~
Sオケダーティーペア
<END>
ふぁあ……
ヨロ…
グルグル~♪
ギッ

ふおっ
多賀谷《たがや》さいこ!!
パァーン
ぼへっ

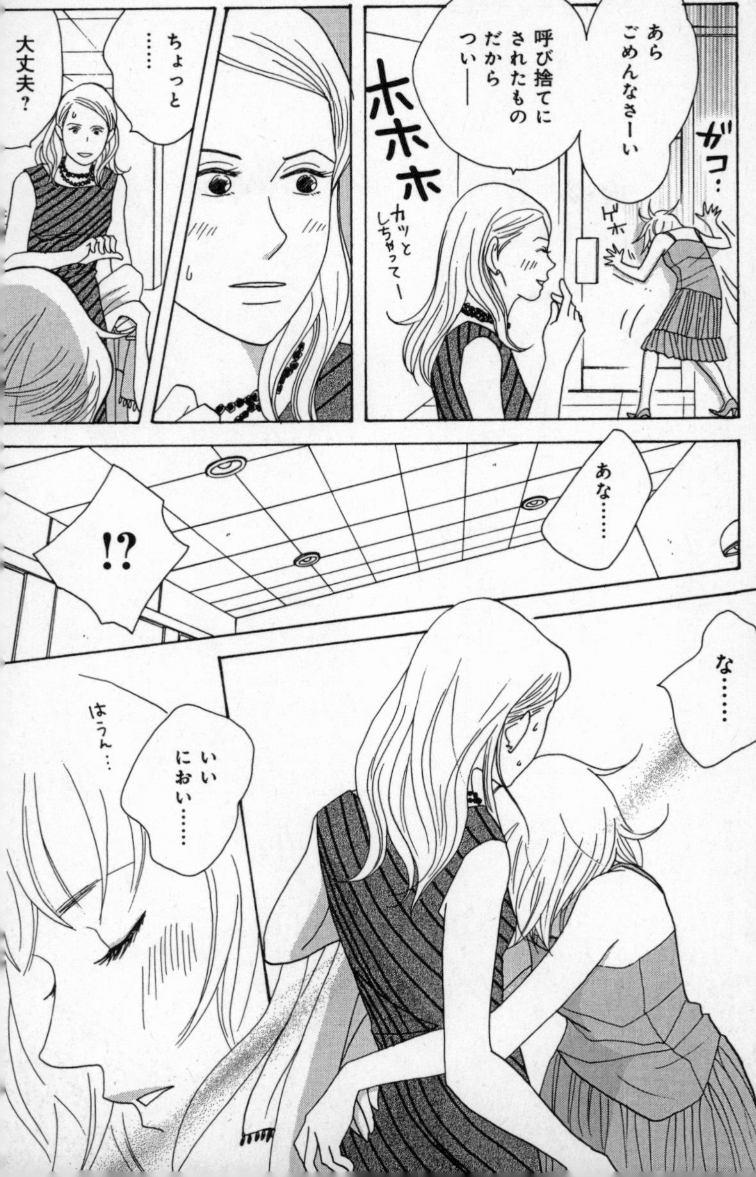

ガコ…
ゲホ
あら
ごめんなさーい
呼び捨てに
されたもの
だから
つい――
ホホホ
カッと
しちゃって～
ちょっと
……
大丈夫？
あな……
!?
な……
いい
におい……
はうん…

さいこさん
キレー—
ほそい……
ほそいです
くびれが……
ああっ
お水……
飲んだほうが
いいわよ
がぼ
がぼ
なんで
こんな子が
真一と……
ていうか
本当に？
がぼ

大きな手……
ねるな
あの男はこーゆーのに弱いのよね……
ぐ
わたしもだけど…

忘れないぜ
オレたちを
永遠に
輝け!!
伝説の
スーパー
オーケストラ
レジェンド・オブ Sオケ～～～～～～♪
イヤー
ワァー
キモー
ギャー
たった
1年だったけど
本当に
S《スペシャル》な
オーケストラ
オレたちを
大きく
変えてくれた
ますみ
ちゃ～ん
ゲー
じゃーなー

本日解散──
のだめなにしてたんでしょうね？
これ…だれの？
そしてのだめのカーディガンは？
知るか!!
おいっ
ういっ
もう一軒行くぞ！
ええ～～!?
そのまえにゲーセンだ
ゲーセン行こう
ぐい～～っ
ゲームセンターはもう閉まってますヨ！
もうとっくに

じゃあ もう一回 カラオケに……
カラオケも もう閉店 ですよ！
もう 5時ですっ
はあ〜〜〜!?
ラオケ
カラオケ
はあーって 先輩……
そんなに ゲームや カラオケ 好きだったん ですか？
す… 好きじゃ ねぇ……
え〜〜〜!? じゃあ なんで また
あいつらが…… オレの邪魔 ばっかり するから
オレも 嫌《きら》われた もんだ！
ハーッ
もう 帰って 飲む！
先輩…… ぜんぜん 嫌われてない ですよ？
むしろ 好きって いうか——
同じカマの Sオケじゃ ないですか〜

仕方ないんだ

あ……あのさ
薫ちゃん
まえ教えたオレのメールアドレス
迷惑メール多いから変えたんだけ……
薫ちゃん……!?
シーン
シンクロ泣き
萌ちゃん?
千秋さま……
新しいオケに誘ってくれなかった

わたしたち
卒業演奏会
出られたのに
えっ
えっ
頑張った
のに……
今日……
何人かに
「新しいオケに
入れてくれ」って
頼まれたけど
断った

オレも
Sオケは
楽しかったし
はじめて
振った
オーケストラ
あいつらに
感謝もしてる
けど……
新しいオケは
その延長線上で
やりたくないんだ
でも
くそっ
あの男
今に
みてろ
それでも
オレを
見返して
くれれば……
鈴木姉妹
とか…
ぜったい
あきらめ
ないんだから

先輩……
帰ったらあの曲教えてください
「村の居酒屋での踊り」！
カッコイイ曲ですよねー♡
ガッ
「ワルツ」で「踊り」っていうから
♪ズンチャッチャー
♪ズンチャッチャー
ひ…
こーんな曲かと思ってました
バーカ
そんなのワルツのステップじゃねー
こうだ！

おらぁ
むきゃ
歩け！
ギャ
ぼーっ
ナチュラル・スピン・ターン
ひー
シャッセ・フロム・P.P.
うぃーっ 次は～
あへ～
NODAME&CHIAKIのワルツ
「街の居酒屋出て踊り」

パパ
おまえくびれねー
ムキーッ
新芽時――
みんな次の舞台《ステージ》へ

Lesson 32

ベトベン……
ピッ
もしもし？
え…あれ？
彩子《さいこ》ちゃんかい？
のだめデス
……これは真一の携帯じゃ…
あー
真一くん
いますいます

元祖 設楽みそ
しんいちくん でんわ……
起きて 起きてぇ
…… …… ……
あ〜〜〜？
だれ？
真一か？
た……
竹《たけ》叔父《おじ》さん!?
今すぐ 帰ってきなさい！

そこにいる
彼女も連れて
今すぐ！
これは
命令だ
わかったな！
ブツッ
困惑
ツー
ツー
電話……
だれから
ですか？
な……
なんでオレ
おまえの
部屋に？
え〜〜〜
おぼえてないん
ですかぁ？
卒業飲み会のあと
千秋先輩
「こたつで飲む」って
うちにきてー
ずっと飲んで
歌って――
ププー
ワルツも
おどり
ました♡
ワ…
ワルツ!?
あれ
また
朝……？

なんてことだ——
まさか こんな最悪の タイミングで……
ブオオ
そろそろ 連絡がくると 思っていたけど
千秋先輩
のだめ こんなんで いいですか?
小顔メイク です
なんだ それはー!?
ひぃぃぃ
だって~ 千秋先輩の 実家に 行くんだから
ちゃんと しないと
どこが ちゃんとだ!!

先輩のご両親に気に入ってもらえますかね？
あれ！…外でみるとこい？
化粧は落とせ！頼むから……
どうしてこいつまで連れていかなきゃいけないんだ!!
絶対誤解してる！
横浜 町田
Yokohama Machida
4 出口 500m
それから……うちの両親離婚してるから
これから行くのは母の実家
オレの叔父さんの家……
オレが12歳の時から世話になってる
〝三善《みよし》〟家《け》

ど――ん
ふ……
おかえりなさ――い!!
ちゃまあぁあ――…!
おおおー
真兄《しんにい》ちゃま!!
由衣子《ゆいこ》!

真兄ちゃま♡会いたかったぁ
バッ
また大きくなったなー由衣子
ひしィ
そりゃあ一年ぶりですもの
真兄ちゃまもますますステキになったわぁ♡
さあ行きましょう
カエレ
みんな居間で待ってるわよ
あ…
バタン
まったくおまえは……ちっとも連絡もよこさないで

しかも わたしに なんの相談もなく 進路を決めて
いったい どういう つもりだね?
三善竹彦《たけひこ》(50)
三善商事 二代目社長
だれのおかげで きみは優雅に 音楽の勉強など していられると 思っているんだい
叔父さんです
すみません でした
長女・由衣子(10)
真兄 えらそう♡
どうでも いいけど 真兄……
長男・俊彦《としひこ》(14)

その人
真兄の
彼女じゃないの?
ホタル…
真兄……
シュミ
変わったね
変わり
すぎよォ
彩子ちゃんは
どーしたぁ!?
彩子
ちゃんは
ゴカイだー!!
なにがゴカイだ

どうぞ
は……
はじめまして!!
わたくし
野田恵《のだめぐみ》と
いいますっ
真一さんには
いつもゴハンを
いただいたり
いろいろとお世話に
なってマス!!
わたしは
家政婦
です
わたしは
真一と少し
話があるから
おとなしくしてろよ
ボクは
勉強あるから
ごゆっくり
ごゆっくり?

試練つづく
俊彦！
あとでいっしょにヴァイオリン弾くか？
久々に
オレ伴奏やってやるぞ
いいよ
ボクヴァイオリンやめたし
え……

なんで!?
なんでって……
別に
弾きたくないから
弾かないだけだよ
トン
トン
真一!
みんなが皆《みな》
おまえのように
音楽好きとは
かぎらないよ
あんなに
大好きだった
のに……
ヴァイオリン
おしえて
おしえて

いつもボクにまとわりついて
それはおまえが大好きだったんだよ
じゃあ……オレが嫌われたってことですか？
なぜ!?
むずかしい年頃なんだ
放っておけ……
それでもあいつは最近ずいぶんと勉強を頑張ってるんだ
やっとわが三善グループの跡継ぎだという自覚が出てきたんだろう
いいことだ
まあ……成績は10番以内にやっと入ったくらいで
まだまだだけどな
名門校で10番以内なら十分じゃないですか！
わたしはいつも一番だった
二の…
それより今日はおまえだ！

あ
そういえば母さんと千春叔母《ちはるおば》さんは!?
征子《せいこ》は文化事業部の仕事で海外
コン
コン
Ja《ヤー》
千春は征子に便乗して遊びにいってるよ
わかっているようだな
ガチャ
では紹介しよう
世界的に有名な催眠療法のカウンセラー
ギャート・フィッシャー先生《ドクター》だ!
Guten Tag
(こんにちは)

またかー‼
やっぱり……
じゃあ あとで…
キャアアア
あははは‼
ぎゃはは あばばば
ぎゃあハハ あハハ‼
むきゃああ ーっ

メリー・ゴー・アッラ・ウーン
キャァァァ
すごい
あっというまに友だちになってる
あの気難しい由衣子ちゃんが
あはへー
ああ
あんなに笑って……
ガッチャーン
!
ふおお…
ガチャーン
ガシャーン

いいんですか?
ボク あっちで 横にならなくて
いいよ そのままで
リラックス できるなら
できます
なんだか…… ずいぶん 慣れてるね
催眠療法は これで３度目 ですから
そんなに!?
かからな かったんです 催眠に
それで前回は 霊媒師
そのまえは 加持《かじ》祈禱《きとう》……

母さんがいないとすぐこれだ
催眠療法は魔法でも超能力でもないからね
うまくいくときもあればうまくいかないときもある
万能じゃない
飛行機・船舶恐怖症――
先生ボクと同じ症状の人治したことある?
あるよ
ふたりだけだけど
そんなに……
でも3人中ひとりはダメだった
そのひとりは有名な音楽家だった
きみの話も聞かせてくれるかい?

深すぎて
入り込めなかった
彼のZONE《ゾーン》
そうだな
最近の話から
聞かせて
もらおうか
最近……?
そう――
きみは今
大学に通ってる
どうだい?
学生生活は
フッ…
メチャクチャ
ですよ……
ぺら
ぺら
最近というか
この1年半――
ボク おかしな女に
つきまとわれて……
そいつ本当に
先生に
みてもらいたいほど
変な奴なんですけど
ボクの部屋の隣に
住んでて……
いつも部屋は
ゴミ箱状態で
本人も時々
異臭を放つんですけど
なんなんですかね?
あれ……
女のくせに
風呂ギライだし
何日も同じ服着るし
いくらズボラでも
好きな男の前で
くらい少しは
自分を飾れというか

今日なんか
最悪ですよ!
そんな女を
「彼女」だと
誤解されて
連れてこさせ
られて……
なんで連れてきたんだ? オレ……
そんな
命令
無視すりゃ
いいのに
かかってる
よな!?
ぱちっ
ス
ぜんぜん
かかってない……
聞いてます?

飛ぶものは落ちるんだから
落ちるのが怖いなら
飛びたいなんて思わなければいいのに
やっぱり
ダメだったか
だから
ボクには
催眠療法は
合ってないって
……
だったら
なにが合うんだ
!?
教えろ!!

はっきり言おう！
もう音楽なんかやめたらどうだ!?
真一
はあ!?
いくらおまえに才能があっても日本から出られないんじゃしょうがないだろう
世界に出ないと！
日本でだって音楽はできます！
なにを言う!?
クラシックの本場はむこうだ！
音楽に国境がないなんて嘘《うそ》だ！
日本で評価されたところで世界で評価されなければ
頂点には立てない！

頂点って……
オレも前まで
そう思ってた
でも今は──
オレはまだ
日本でだって
なにも……
その情熱を
うちの会社に──
入社案内

ピッ

だれだ――!?
え?
はい
の…
のだめデス
ゴッ
ぎゃぼ!
子供か!?
おまえは!!
フツー
こっちから
打ったら
あっちに球が
行くことくらい
わかるだろ!!
ごっ……
ごめんな
サイ!
それでも
成人か!?

それに なんだ!? そのケガは
由衣子に いったい なにをした !?
ノック とか……
ジャンプ大会
ラージ・ヒル?
はぁー!?
なんだ コレはー!?
古伊万里《こいまり》が 備前《びぜん》が……
マイセン
帰るぞ! のだめ
逃亡
ええ!?
やだっ! 帰んないで!! 真兄ちゃ…
のだめ ちゃん!
帰っちゃ やだ!!
行っちゃ やだっ

やだぁあ──!!
やぁあぁん
由衣……!?
どうして
この家……
こんな家じゃ
なかったのに──

Lesson 33

この家には
いつも音楽が
溢《あふ》れていた
真一
サン＝サーンスは
弾けるかい？
金色の音を
奏でる真兄
音楽が
大好きな
おじいちゃんの
自慢だった真兄

ボクは
真兄に
なりたかった
子供って
大きくなれば
宇宙人になれるとか
平気で思うんだ
また
アゴが
割れてきた
ごはんの用意
できましたよ〜〜
俊彦
ぼっちゃま
♥
なっ……
ノックぐらい
しろよ!!
しました
けど……
俊くん
アゴに夢中で
帰ったんじゃ
なかったのか
!?

お皿や花瓶を割っちゃったお詫《わ》びに夕食を作ったんですヨー
労働払い
食べてくだサイ♡
わかったから出てけよ!!
ボクも行くから
ほわぁ~~でっかいモニター
ファイル(F) 編集(E)
アドレス(D)
Motorola幹部、携帯電話機価格の下落を予測
2003年3月12日(水) 18時11分
SuSE、利益分配を軸とした新たな計画を発表へ
(水) 19時32分
携帯対応のモ
見るなって!!
みそ字…
あんたって本当に真兄の彼女なの!?
信じられないよ!
無神経だし色気ないし
どーゆー趣味なんだ!?
俊彦くんってコンピューターが趣味なんですか?
すっごいたくさんパソコンあったー

趣味って……
べつに
今時《いまどき》やってないほうがおかしいだろ⁉
うちの会社だって今はＩＴ関連がメインだし
ほわぁ
父さんだって元々《もともと》そっちが専門なんだ！
ボクだって……
あいかわらずクラシックなのはこの家と真兄くらいさ！
食事を作ってくれるのはいい……
千代さん下手だし…
それはいいんだが
グゥゥ
グゥゥ

春なのに水炊き……
グツグツ
どこが〝料理〟なんだよ
のだめさんが「鍋は失敗したことがないから」と――
さぁさぁどんどん食べてくださ～い！
ど――ん
おにぎりも失敗したことないんデス♡
はあ…
取りづらいよ!!
遠い…
いつものひとり用の土鍋を出してよ！
のだめさんが「鍋はみんなでつつくもの」と――
ねぇ！お父さん取って♡
キャー
由衣子おトーフとしらたき♡
あ……ああ！
取ってあげるよ♡

おトーフにちらたきな♡
俊彦も取ってやるぞ♡
なにがいい？
いや～なんだか久しぶりだな～こうしてみんなでワイワイ食事するのも
わたしも忙しくて留守がちだったし
グツ
グツ
お母さん家出してンのに
のんきだね
お！このカニ肉だんごおいしいな！
どこで買ったの？
まさかきみが作ったんじゃないよね？
真一さんが作ったんですよ
見るに見かねて
えっ
千代《ちよ》さん……！
言うなって…

はぁ~…… 真一
おまえ とうとう料理まで この域《いき》に……
おまえは 本当に なにをやらせても 人並み以上の ことをする
勉強も そうだったし ダンスも そうだった
でも 先輩 泳げませんよ?
ゲホ
ゲホ
どうだ? 真一 やっぱり 音楽なんかやめて うちの会社に入らんか!?
おまえなら きっと すぐに わたしの 右腕に——
ゲホッ

ボクから音楽抜いたらなにも残らないですよ
そんな器用な人間じゃないです
それにボクこれから新しいオーケストラを作るつもりで
ちゃんとやることも目標も持ってますから！
新しいオーケストラ〜〜〜!?
なんだ？それは……個人で作るのか!?
優秀なメンバーを集めて演奏会をやります
スポンサーは!?
いませんけど……なんとかします
まだすべてこれからですけど

は……
アマチュア楽団ってわけか
そんなことをやってどうする!?
よっぽど指揮者のコンクールにでも出たほうがいいじゃないか!
おまえはプロにもなりたくないのか!?
いつかなりますよ!!
いつかっていつだよ?
真兄セバスチャーノ・ヴィエラって人の弟子なんだろ!?
いつその人と会えるんだよ!?
飛行機にも船にも乗れないくせに!!

乗れない……
バレた……？
お父さんの言うとおりうちの会社に入ればいいんだよ！
真兄だったらなんだってできるよ！
ボクとちがって頭もいいし器用だし
そのカリスマ性跡継ぎにもピッタリだよ
俊彦……!?
真兄は知らないだろうけど
昔――真兄を薬で眠らせて海外へ運ぶプロジェクトがあったんだ

俊彦！
それは…
でも真兄を乗せた車は首都高で玉突き事故にまきこまれるし
乗せるはずだった飛行機は離陸したあと故障で空港に戻ってきてるし
もーぜったい呪われてるよ真兄
俊彦!!
真兄を〝三善〟の人間にしたいなら
気なんか遣わずに言ってやったほうがいいんだよ
ぐさっ

ごちそーさま！
ボクにはなんの気も遣わないくせに!!
うわあああん
由衣子ちゃん…
う……
みんな ボクを無視するんだ
おじいちゃんも お父さんも

ボクは
比《くら》べられも
しない
のだめちゃん
いっしょに寝てね！
帰らないでね
大丈夫ですよー
お泊まりの許可が出ましたから
もう帰れないし

おフロもいっしょに入りましょうかー
今日はたくさん遊んだから
だめですヨーくださいの
お母さん……
帰ってくるよね？
グス・・
"リコン"じゃないよね？
ふぉ
お母さん言ってた……
この家はおじいちゃんがいなくなってから空気がどよんでるって
息がつまるって……
どよん…
なら……
ちょっと息抜きに遊びにいってるだけですよ

のだめも
自分の部屋に
ずっといると
息がつまるから
よく家出しますよ
真兄ちゃ、ちゃまの
部屋に♡
えーーッ
ずるい〜
アハハハ

わっ…
あ……

悪夢……
最近
見てなかったのに
しかも
なんだ？
あれ
はじめて
見る
人間!?
ぜったい
呪われてるよ
真兄
あいつが
あんなことを
言うから…
偶然だ
偶然！

♪審き主《つまびぬし》
彼を審きの庭へ出す
どうした?
真一
♪頼る慰めもなく
助け手も見あたらず
また
怖い夢を
見たのか?

じゃあ
いっしょに
レコードを
聴こうか
「マタイ受難曲」
バッハですねー♡
めずらしいですねー
千秋先輩が歌を聴くの
な……っ
なんだー!?
そのカッコは
え!?
あーコレ……
先輩のお母さんのネグリジェだそうデス♡
えへ♡
お姫様みたいですよねー♡
あの人は…本当に…
興ざめ

すごいですね～このオーディオルーム
レコードがいっぱい！
ふぉ～～～
楽譜もスゴ～イ！
死んだジイさんの部屋だよ
ジイさんは無類の音楽好きで
趣味でチェロなんかも弾いてたから
ほわあ～～チェロ……
じゃあ千秋先輩と演奏とかしたんですか？
しょっちゅうだよ
昔はジイさんが親しくしてる演奏家とかがよく集まって
このうちのサロンで演奏会なんかやってたんだ

サロン……
き…貴族!?
まぁ……昔っていっても
つい5年前までの話だけど
この家はいつも音楽が流れてた
うわ……ハイフェッツの60枚組CD……
持って帰ろうかな
むきゃ!
ミルヒーのレコードが!! わ…若いデス
おいそっちにショーソンの楽譜ないか?
Heifetz
MOZART Piano Sonata No.14-No.17
※あっフランク!
このヴァイオリン・ソナタこのあいだマキちゃんが伴奏した曲だ~
ああ…峰が試験でやった
ピアノもカッコイイんですよね~これ♡

※セザール・フランク
ベルギー生まれのフランス人作曲家。
近代フランス音楽の発展に寄与した。

妄想中
先輩……
このうちピアノありますよね？
えっ
ヴァイオリンも
ある……けど……
ハア
ハア
本気か……？
▲ピアノ欠ぼう症・発症
ちょっと待て
どーせやるならこの曲がいい
え？
ぎゃぼ
のだめ知りませンよ？この曲……
楽譜もあるけど
聴けばいいだろ
おまえの場合

CK 01 3:02
オレがジイさんに弾いてやった最期《さいご》の曲——
チュン
チュン
なんだこんな時間に!!

時差を考えろ！時差を……
日本は今朝の5時だ！
そんな重要な話……なんで今更《いまさら》
どうして事前に報告しないんだ⁉
おまえはプレジデントか⁉
ふざけるな‼
……ったくどいつもこいつも……
わたしを甘く見やがって
50じゃまだ若いか⁉
古いんだよ！先代チームはいつまでもっ

朝のおたけび

「今時」とか「頂点」とか
おまえはいつも前か上しか見ない
たまにはうしろを振り返ってみろ
大事なものを忘れてないか？

Lesson 34

Edward Elgar sonata for Violin and Piano in E minor,Op82

鳥肌が……

久しぶりに聴く
生《なま》の音だからか?
あのふたり
……
……いや
これは……
なんて曲だ?
聴いたこと
ないぞ
エルガーの
ヴァイオリン・
ソナタだよ

＊エルガー⁉これが？
エルガーは〈威風堂々《いふうどうどう》〉や〈愛のあいさつ〉
〈チェロ協奏曲〉に〈ゲロンティアスの夢〉〈交響曲1～3番〉〈弦楽四重奏と弦楽合奏のための序奏とアレグロ〉なら知っているが――
こんな曲あったか？
な……なんだ⁉その顔は
父さんが知ってたら変か⁉
……この曲
おじいちゃんがたまに聴いてた
おじいちゃんエルガーが好きだったんだ

＊エルガー＝イギリスが世界に誇る作曲家。多くの作品を残し、現在も国民的作曲家として敬愛されている。

エルガーは戦時中に〈威風堂々〉みたいな行進曲を作ったから盲目的愛国主義者《ジンゴイスト》なんて言われて
大衆からそっぽを向かれた不遇の時代があったんだって
作風も古典的で保守的だったから……
孤独な老人
「音楽なんかきらいだ」と言って競馬やクリケットの話ばかりしたがった
でもおじいちゃん言ってたよ
「カッコイイ曲だろう」
古典的だろうと単純だろうと「これがオレの音楽だ！」っていう彼の気持ちがね——
わたしもまだまだ頑張らないとな
エルガーの曲もこうして残っているんだから

「古典的」「単純」
わたしが父に反発するたびに使ってきた言葉だ

あいかわらず……
飛ぶし
はねるし

でも――
やっぱり……
真兄《しんにい》は
音楽
やらなきゃ

ああ……
はー…
まぁいい
おまえも好きなことをやっていいんだぞ？
"三善"が好きならそれがいちばんだけど
うん……

じゃあ また 叔父《おじ》さん
今度はこれなんかどうだ?
意外にいいかもしれないぞ
ちがうと思います
イルカセラピー!
こころっ
☆ふれあい☆
およいでるじゃねーか…
ああ
ちょっと待て! 真一
それより叔父さん これよろしくおねがいします
新しい学費にアパートの更新代
忘れるところだった
おまえというやつは…

それより
真兄
ヴァイオリン
まえよりヘタに
なったんじゃないの？
指揮の勉強も
大事だろうけど
せっかく弾ける
んだから
無駄にするなよ
そーゆーの
ウ…
うん
真兄ちゃま！
また来てねー
くるとも
くるとも
ああ
それから
きみ……！
また今度
遊びに
きなさい
きみを
真一の
母親……
征子に
会わせたい
いやー
誤解しないで
ほしいんだが
征子は
文化事業の
仕事で
音楽に
関わっていて
留学生の支援
なんかもしている

きみもプロのピアニストを目指しているんだろう!?
わたしにはわかる
え?
あの……
?
のだめは幼稚園か小学校の先生になるつもりなんですケド……
絶対むいてないって!
ふお
おまえに"先生"はむいてないよ
うん
だねー
なっ……
なんでですかー!?

由衣子のケガを見てみろ!!
ジャンプ大会（階段とびおり）
メリーゴーランド
ノック
おまえは危ないことを率先してやる！子供を叱《しか》れない！
そんなんじゃ〝先生〟にはなれないんだよ!!
こ……
子供はケガして大きくなるんじゃ……
それに
のだめ由衣子ちゃんとも仲良くなれたし！
のだめちゃんは〝友だち〟だけど
〝先生〟じゃないと思う

のだめちゃんみたいな先生がいたらきっといじめられるよ?
なめられるし
だなー
PTAもだまっちゃいないぞ?
でも今朝《けさ》ののだめちゃんはカッコよくて
かなり見直しちゃったよ
だからのだめちゃんはピアノをもっと頑張ったほうがいいと思う!
そうだそうだ!
だねー
せっかく神さまがくれたであろう
たったひとつかもしれないプレゼントを無にしてはいけないいよ
のだめは
〝先生〟になるんデス
の……

オレが親なら おまえのような先生に 絶対 子供は 預けない！
殺される
む……
キーーッ
のだめ もう ひとりで 帰りまス!!
お―― 帰れ帰れ
ドカーン
先生ー
オレも ひとりで 帰るから
本当に 帰っちゃい マスよ！
絶交 ですよ!?
坂を降りたら 駅行きのバスが あるからー
がんばれーー
2時のバスは あと15分 だよー
またねー！ のだめちゃん

2時……
たっ
たっ
2時のバス……
ブオオォ
はー
はー
ブオオ
オォ
オォ
ムキャー
バカなやつ
おまえは絶対演奏者なのに——

でも
今のままじゃ
ダメだ
あの
ラフマニノフの
ときのように
いくら才能が
あったって
オレが
あいつを引っ張り上げ
られたら――
本人が
そうあることを
望まなければ
結局
自分のことを
頑張るしかないのか

4月——
CAFE AHEAHE
じゃあ あらためて……
わたしは ヴァイオリンの 三木清良
オーボエの 黒木泰則《やすのり》くん

チェロの菊地亨《とおる》くん
で最後はご存じ我らが指揮者――
千秋真一くん
よろしく
新しいオケの主要メンバー……
見たよ！「夢☆クラ」
ワハハ
ボクも見た
新年特大ピンナップ!!
わたし持ってきちゃったー♡

忘れてたのに…
へぇー！近くで見ると本当に王子っぽいね
詩《ポエム》が似合う
ねーねーこのピンナップにサインしてよ♡
おねがい♡
佐久間ぁ〜!!
まあ
というわけで
今日はとりあえずこの４人で新オケのことを話し合いましょう
公演はいつどこで？
曲は？
何人集まれるか
練習場所……

公演は学生が多いから夏休み期間中がいいんじゃないか？
曲にもよるけど
なるべく編成は少ないほうがいいね
とりあえずあの音楽祭のメンバーで集まれそうな人の人数とパートがわかれば教えてほしいんだけど
あ
おおーっ真澄ちゃんプロオケ入ったんかー
スゲー
奥山真澄
Fl：小泉正
それならわたし簡単な名簿作ってきた！
おーっ
えらいっ清良！
さすがコンマス
ふふー
寺井《てらい》くんもだー
一《いち》から作るオーケストラ

しかし
まだまだ
人数
足りないなー
PPP…
他にも
声かけない
と――
メール受信中
ピッ
ピッ
弦は
こんだけ!?
Aオケ入ったぞ！
ざまぁみろ＼(^o^)／
あなたの☆峰
弦ひとり
追加――
?…
なに!?
恋人《メール》から？
ちがう…
いやらしー
笑顔……

新学期――
ピアノ
担当者変更
氏名
新担当者
備
久保優妃
設楽雅子 → 近藤良秋
浜島美智雄
江藤耕造 → 谷岡 肇
野田 恵
谷岡 肇 → 江藤耕造
「江藤耕造《えとうこうぞう》」って……
"ハリセン"よね？
うん……

久保優妃
浜島美智雄
野田　恵
江藤耕造　→
谷岡　肇　→　江藤耕造
〃エリート専門〃
〃江藤塾〃
部屋
まちがえてマスよ？

まちがえてない！
わたしが今日からきみのレッスンの担当教諭になった
江藤耕造だ
よろしく
ハリセン…？

♪のだめカンタービレ⑥／おわり♪

所載／2003年発行 Kiss No.2〜No.8

♪『のだめカンタービレ[6]』を読んだご感想・ご意見など，下記へお寄せいただければうれしく思います。

なお、お送りいただいたお手紙・おハガキは、ご記入いただいた個人情報を含めて著者にお渡しすることがありますので、あらかじめご了解のうえ、お送りください。

＝あて先＝

東京都文京区音羽２丁目12番21号

(郵便番号112-8001)

講談社　KCキス

「のだめカンタービレ[6]」係

N.D.C. 726　194p　18㎝

講談社コミックスキス　四三八巻

のだめカンタービレ[6]

2003年7月11日　第1刷発行
2005年4月22日　第14刷発行
(定価はカバーに表示してあります)

著者　二《に》ノ《の》宮《みや》知《とも》子《こ》
発行者　五十嵐隆夫
発行所　株式会社　講談社
東京都文京区音羽二―一二―二一
(郵便番号一一二―八〇〇一)
電話　Kiss編集部　東京03(5395)3483
コミック販売部　東京03(5395)3608

講談社

印刷所　図書印刷株式会社
製本所　株式会社フォーネット社

ISBN4-06-340438-2

Printed in Japan

トレンドの女王ミホ
全5巻
'90年代バブル期の日本は、
こんなにおバカだったのか!?
超ミーハー女子大生・ミホのトレンディー・コメディー!!
二ノ宮知子
"幻の迷作"
復活!!
The Queen of Trend
miHO
tomoko Ninomiya
二ノ宮知子の講談社漫画文庫>>>>>>>

Kodansha
Comics

永遠に
似合う!似合う〜♡
千秋先輩よっぱらい〜!!
に…似合う!?
ガーン
はいっ先輩!
ちょっと早いけどバレンタイン♡
好きデス♡♡
あ…のだめはモーツァルトです
え…

◎ 打楽器取材でお世話になった
奥山くん、菅原くん、ありがとう!!

◎ リアルのだめ（みそ字、その他協力）
星野君、いつも色々とありがとー。

◎ 担当ミカリン…佐久間の話を
ありがとう。。ビックリしました。

ようやく電子ピアノを入手。しかし・・・
ねえ…楽譜に「ド」とか「レ」とか書いてもいい?
えへ
……
バイエル2
リアルのだめ
こんな作者がクラシックまんが…。